Achetez haut, vendez plus haut : trading journalier utilisant la moyenne mobile haut-bas, macd, adx/dmi et l'indicateur de volatilité chaikin

Contenu

Préface

Le commerce ne mènera pas à la richesse du jour au lendemain. Quiconque vous dit le contraire ment ou a fait un commerce incroyablement risqué qui s'est avéré positif par la grâce de Dieu.

Le trading comporte un niveau de risque qui ne convient pas à tout le monde. Le contenu de ce livre est proposé à titre informatif uniquement. Veuillez demander des conseils financiers professionnels avant de mettre votre argent en danger avec ce système ou tout autre système.

Ce livre est écrit dans le but d'éclairer vos connaissances et votre conscience des différentes techniques d'analyse technique. En tant que commerçant, je m'efforce d'aider à éduquer ma communauté d'investisseurs et de commerçants. Comme exemple de mon engagement envers cet objectif, je veux vous fournir ce manuel. Je crois que la formation continue peut aider à accroître les connaissances et que l'amélioration des connaissances engendre la confiance.

Le trading comporte un niveau de risque qui ne convient pas à tout le monde. Le contenu de ce livre est proposé à titre informatif uniquement. Veuillez demander des conseils financiers professionnels avant de mettre votre argent en danger avec ce système ou tout autre système.

Si vous êtes un trader à la recherche d'une connaissance plus approfondie de l'analyse technique, en particulier en ce qui concerne les méthodes de trading intrajournalier, ce livre est fait pour vous !

Je crois sincèrement que quel que soit votre niveau d'expérience en trading, après avoir lu ce livre, vous constaterez que vous avez probablement amélioré vos compétences et que vous êtes devenu un trader encore plus efficace et, surtout, plus rentable.

Introduction

Bonjour et merci d'avoir acheté **Achetez haut, vendez plus haut : trading journalier utilisant la moyenne mobile haut-bas, macd, adx/dmi et l'indicateur de volatilité chaikin**

Dans ce livre, j'ai apporté une stratégie unique qui n'a pas encore été transmise à la profession de négociant. Je vous présente les stratégies et les techniques qui constituent un système de trading complet pour trouver les meilleures entrées de trading intraday ! Vous obtiendrez une stratégie de trading complète avec des règles d'entrée et de sortie précises. Ainsi, le livre dotera le lecteur de toutes les ressources et connaissances nécessaires pour réussir dans le trading.

Le livre sera utile aux débutants en bourse ainsi qu'aux commerçants professionnels.

La stratégie donnée peut être appliquée à tout actif activement négocié sur de grands marchés liquides comme les actions, le Forex, les matières premières, les crypto-monnaies, les obligations, etc.

J'espère que vous trouverez ce livre intéressant et utile. Si vous avez apprécié ce livre, merci de le recommander à d'autres et de laisser un commentaire sur **Amazon.fr**

Comprendre la moyenne mobile haute basse

- Les moyennes mobiles hautes / basses sont utilisées pour créer une bande autour du prix. La moyenne mobile haut-bas (également connue sous le nom de canal haut-bas) est un indicateur simple où la moyenne mobile s'applique aux prix haut et bas d'une barre au lieu du prix de clôture d'une barre.

- Au lieu d'une ligne de moyenne mobile, les traders auront deux lignes de moyenne mobile sur un graphique où l'une représente la moyenne mobile de High, et la seconde est la moyenne mobile appliquée au prix bas d'une barre. Dans le même temps High - Low MA présente les caractéristiques d'un canal qui permet dans certains cas de réduire les périodes de trading agité lors d'une tendance latérale

- Dans un marché à forte tendance, les prix peuvent s'échanger au-delà du canal, soit au-dessus, soit au-dessous. Un commerçant pourrait utiliser l'évasion du canal comme une bonne raison d'établir une position complémentaire sur le marché

Figure 1 : Tata Steel, graphique sur 15 minutes avec des signaux basés sur la moyenne mobile haute - basse

- Les traders utilisent parfois ces données pour mesurer les zones de support ainsi que les zones de résistance du marché. Ces zones indiquent aux commerçants à quel niveau de prix les acheteurs entrent sur le marché et effectuent des achats, et à quel niveau de prix les vendeurs réalisent des bénéfices. Le haut moyen est la zone de résistance. La moyenne du bas est la zone de support.

Formule et calculs High-Low MA

La moyenne mobile haute-basse est calculée de la même manière que les autres moyennes mobiles. La seule différence est que deux MA sont affichées sur un graphique en tant que canal.

Moyenne mobile élevée = MA appliquée aux hauts

Moyenne mobile basse = MA appliquée aux bas

Conclusion

Habituellement, la moyenne haute basse n'est pas un système qui peut être traversé. Le système crée un canal. Ce canal fait le tour des barres sur le graphique des prix. Lorsqu'un marché connaît une forte tendance, le prix peut s'échanger au-delà du canal. Le prix ira au-dessus ou au-dessous du tableau des prix. Un trader peut utiliser la rupture du canal comme indicateur pour construire une position sur le marché qui le complète. Une cassure solide ou une sortie d'un canal de prix peut signaler qu'une tendance se forme. Une cassure en dehors du canal qui va à l'encontre de la tendance sous-jacente peut indiquer un signal d'entrée à contre-courant.

Comprendre l'indicateur de volatilité Chaikin

- La volatilité du marché est un facteur assez important dans l'analyse du comportement des prix des titres. La tendance change plus souvent et plus rapidement pendant les périodes de volatilité plus élevée. Les variations de prix sont plus lentes et moins fréquentes en période de moindre volatilité. Ces changements affectent les lectures des indicateurs car les signaux peuvent arriver trop tôt ou trop tard. C'est pourquoi il est important d'inclure le facteur de volatilité dans les calculs.

- Chaikin Volatility Indicator inventé par Marc Chaikin est un outil qui mesure la volatilité en analysant l'écart entre les prix bas et haut de l'actif sur une période donnée. En comparant l'écart entre le prix haut et le prix bas d'un titre, il quantifie la volatilité comme un élargissement de la fourchette entre le prix haut et le prix bas.

- Une interprétation de ces calculs suppose que les sommets du marché s'accompagnent fréquemment d'une volatilité accrue (les investisseurs devenant nerveux et indécis) et que les derniers stades d'un creux du marché s'accompagnent généralement d'une volatilité réduite. Chaikin a écrit qu'une augmentation de l'indicateur de volatilité sur une période relativement courte indique qu'un creux est proche et qu'une diminution de la volatilité sur une période plus longue indique un sommet qui approche.

- Cet indicateur est un oscillateur et il oscille au-dessus et au-dessous de la ligne zéro. Pour parler simplement, au-dessus de 0 est considéré comme plus volatil et en dessous de 0 est considéré comme moins volatil.

Jetez un œil au graphique ci-dessous pour l'EUR/USD

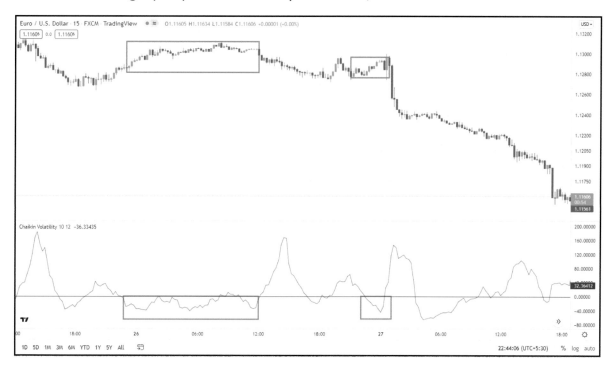

Figure 2 : EURUSD, graphique de 15 minutes

Cela signifie que le Chaikin fournit un excellent guide pour savoir quand entrer et fermer une position. Comme vous pouvez le constater, lorsque le Chaikin est inférieur à 0, il ne se passe pas grand-chose sur le marché. C'est pendant ces périodes que vous devez vous abstenir de négocier et attendre que le Chaikin vous dise quand les choses se réchauffent. Chaikin est donc excellent pour limiter la propension au sur-échange.

Une fois que le Chaikin commence à dépasser 0, c'est une excellente occasion d'entrer dans votre métier. Une fois que le Chaikin culmine, vous savez que vous pouvez commencer à penser à fermer votre commerce

Comment fonctionne cet indicateur

- Des valeurs élevées indiquent que les prix intrajournaliers ont une large fourchette allant du haut au bas. Des valeurs faibles indiquent que les prix intrajournaliers ont une fourchette relativement constante de haut en bas.

- Les sommets du marché qui s'accompagnent d'une volatilité accrue sur de courtes périodes indiquent des traders nerveux et indécis. Les sommets du marché avec une volatilité décroissante sur de longues périodes indiquent la maturation des marchés haussiers.

Figure 3 : GBPUSD, graphique journalier

En général, les signaux de base sont que la volatilité accrue dans un marché haussier dénote un sommet potentiel du marché. Et une volatilité réduite avec une baisse des prix dénote un creux potentiel.

- Les creux du marché qui s'accompagnent d'une volatilité réduite sur de longues périodes indiquent des traders ennuyés et désintéressés. Les creux du marché avec une volatilité croissante sur des périodes de temps relativement courtes indiquent des ventes de panique.

Figure 4 : BTCUSD, graphique quotidien

Si l'indicateur culmine avec une hausse des prix, le marché peut devenir plat à partir d'un nouveau sommet. Alors qu'une forte baisse de l'indicateur avec une baisse des prix signifie que le mouvement s'estompe et que l'inversion peut être proche.

Calcul

- L'indicateur Chaikin Volatility calcule la moyenne mobile exponentielle de la différence entre les prix haut et bas quotidiens. Chaikin recommande une moyenne mobile sur 10 jours

  Haut Bas Moyenne = EMA de (Haut - Bas)

- Ensuite, il mesure l'évolution de cette moyenne mobile dans le temps en pourcentage. Chaikin recommande à nouveau 10 jours.

  Volatilité = [(moyenne haute basse - moyenne haute basse il y a n périodes) / moyenne haute basse il y a n périodes] * 100

Conclusion

- L'indicateur Chaikin Volatility mesure principalement la volatilité.

- Pour ce faire, il compare la différence entre une série de titres à prix élevés et bas. L'indicateur fluctue généralement autour de zéro, avec des valeurs élevées indiquant que les prix changent fortement par rapport au passé récent. Les valeurs faibles de cet indicateur indiquent que les prix sont stables et plus ou moins stagnants

- Chaikin recommande d'utiliser une moyenne mobile sur 10 jours dans les calculs.

Comprendre la divergence de convergence moyenne mobile (MACD)

- La divergence de convergence moyenne mobile (MACD) est l'un des indicateurs d'analyse technique les plus couramment utilisés. Il s'agit d'un indicateur de dynamique de suivi de tendance, ce qui signifie qu'il examine la dynamique d'un actif pour déterminer si la tendance est à la hausse ou à la baisse, et en tant que tel peut être utilisé pour fournir des signaux de trading et identifier les opportunités de trading.

- L'indicateur de convergence-divergence de moyenne mobile (MACD) est un modèle qui suit l'élan des tendances en montrant la relation entre deux moyennes mobiles du prix d'un titre. Vous pouvez insérer n'importe quelle moyenne mobile dans ce modèle qui vous convient, et il teste bien votre sécurité. Sur un graphique de trading, le MACD a été conçu pour utiliser des moyennes mobiles exponentielles de 26 et 12 jours.

Comment MACD fonctionne?

- L'indicateur MACD fonctionne à l'aide de trois composants : deux moyennes mobiles et un histogramme

- La MACD transforme deux indicateurs de suivi de tendance, les moyennes mobiles (12 et 26 jours), en un oscillateur de momentum en soustrayant la moyenne mobile la plus longue de la moyenne mobile la plus courte. En conséquence, le MACD offre le meilleur des deux mondes : suivi des tendances et momentum.

- Le MACD fluctue au-dessus et au-dessous de la ligne zéro lorsque les moyennes mobiles convergent, se croisent et divergent. Il calcule la différence entre une EMA de 12 jours et 26 jours en utilisant les cours de clôture. Une EMA de 9 jours de la ligne MACD est tracée avec l'indicateur pour agir comme une ligne de signal et identifier les virages. En outre, la différence entre la ligne MACD et la ligne de signal est appelée histogramme.

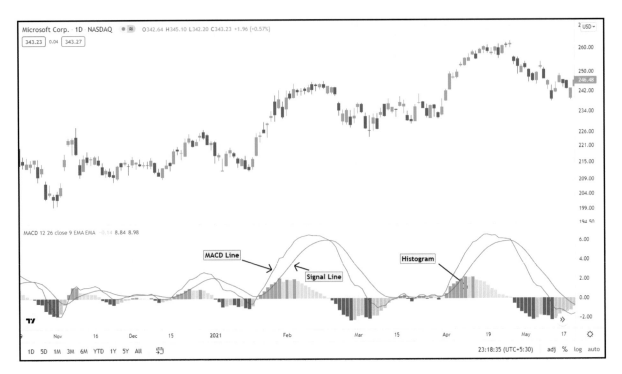

Figure 5 : Graphique quotidien de Microsoft Corporation Inc.

Quelques stratégies de trading MACD courantes

- **Crossovers :** La ligne MACD et la ligne de signal peuvent être utilisées de la même manière qu'un oscillateur stochastique, le croisement entre les deux lignes fournissant des signaux d'achat et de vente. Comme pour la plupart des stratégies croisées, un signal d'achat survient lorsque la ligne à plus court terme et plus réactive - dans ce cas, la ligne MACD - passe au-dessus de la ligne plus lente - la ligne de signal. Inversement, lorsque la ligne MACD passe sous la ligne de signal, elle fournit un signal de vente baissier.

Figure 6 : Graphique hebdomadaire de Meta Platforms Inc.

- **Utilisez la ligne zéro MACD pour gérer le risque** : La stratégie de croisement zéro est basée sur l'un ou l'autre des EMA traversant la ligne zéro. Si le MACD franchit la ligne zéro par le bas, une nouvelle tendance haussière peut émerger, tandis que le MACD traversant par le haut est un signal qu'une nouvelle tendance baissière peut commencer. Lors de l'utilisation de la stratégie zéro cross, il est crucial de comprendre où sortir du marché ou placer un stop. Le marché dans l'exemple ci-dessous fournit plusieurs cassures de ligne de tendance, ce qui aurait signalé un bon moment pour quitter le commerce.

Figure 7 : Graphique quotidien de Reliance Industries Ltd.

- **Utilisation des histogrammes MACD pour identifier les biais haussiers/baissiers** : Le premier point d'analyse serait de poursuivre l'histogramme MACD lorsqu'il s'éloigne de la ligne zéro (positive et négative) - suivez-le à mesure que ses barres grossissent. Le signal réel survient lorsque l'histogramme n'augmente plus en hauteur et produit une barre plus petite. Une fois que l'histogramme imprime une barre plus petite, les traders cherchent à entrer dans la direction du déclin de l'histogramme. Cela signifie que lorsque les barres de l'histogramme s'éloignent de zéro, les deux lignes de moyenne mobile s'éloignent.

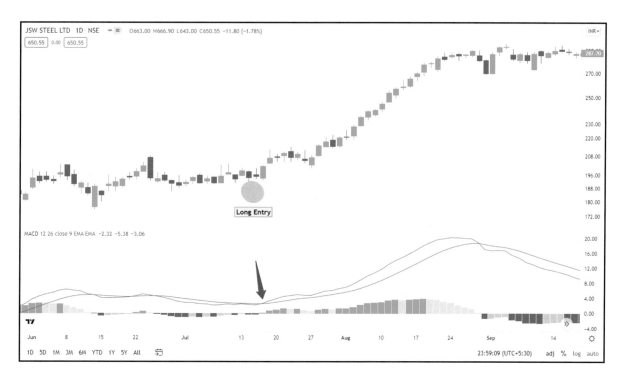

Figure 8 : Graphique quotidien de JSW Steel Ltd.

Conclusion

- L'indicateur MACD est spécial car il rassemble l'élan et la tendance en un seul indicateur. Ce mélange unique de tendance et de momentum peut être appliqué aux graphiques quotidiens, hebdomadaires ou mensuels.

- L'indicateur MACD est utilisé pour identifier trois types de signaux principaux : croisement de ligne de signal, divergence et croisement de ligne zéro.

Comprendre l'indice de mouvement directionnel moyen (ADX)

- ADX signifie Average Directional Movement Index et peut être utilisé pour aider à mesurer la force globale d'une tendance. L'indicateur ADX est une moyenne des valeurs de fourchette de prix en expansion. L'ADX est un composant du système de mouvement directionnel développé par Welles Wilder.

- L'indicateur de l'indice de mouvement directionnel moyen (ADX) est un indicateur complet et nous informe sur l'élan, la direction commerciale - si le marché est en tendance ou latéral et nous informe sur les chances de changement d'élan

- En plus de l'ADX, nous allons appliquer l'indicateur d'indice de mouvement directionnel (DMI), car l'ADX et le DMI vont de pair. L'indice de mouvement directionnel est un indicateur qui nous indique si l'instrument est en tendance ou non et nous renseigne également sur la volatilité du marché

- Les DMI sont deux indicateurs différents, un négatif et un positif et les deux sont tracés sur le même graphique. Il y a une troisième ligne ADX qui n'est pas directionnelle mais montre la force de la tendance.

- Les DMI sont construits sur le rapport de la moyenne mobile exponentielle du mouvement vers le haut, du mouvement vers le bas et de la plage réelle. ADX est dérivé de DMI

- L'ADX est tracé sur une seule ligne avec des valeurs allant d'un minimum de zéro à un maximum de 100. En général, la valeur moyenne de l'indice de direction supérieure à 25 est considérée comme une tendance forte. De plus, si l'ADX est en hausse c'est aussi le signe d'un marché en tendance. En revanche, si l'indicateur est en baisse et surtout s'il oscille en dessous de 25 est considéré comme un marché lié à une fourchette. Vous voudrez peut-être éviter les systèmes de tendance de négociation lorsque la tendance change.

Valeur ADX	Force de la tendance

0-25	Tendance absente ou faible
25-50	Tendance forte
50-75	Tendance très forte
75-100	Tendance extrêmement forte

Figure 9 : Nifty 50, graphique horaire sur 4 heures

- ADX (Pink Line) est appliqué pour mesurer la force de la tendance. Comme vous pouvez le voir dans le graphique ci-dessus lorsque le +DI (ligne bleue) se situe au-dessus du -DI (ligne orange), le prix monte. Lorsque le DI négatif est supérieur au DI positif, le prix baisse.

- Si après être resté bas pendant une longue période, l'ADX augmente de 4 ou 5 unités (par exemple, de 15 à 20), cela peut donner un signal pour négocier la tendance actuelle.

- Si l'ADX (Pink Line) est en hausse, le marché montre une tendance au renforcement. La valeur de l'ADX est proportionnelle à la pente de la tendance. La pente de la ligne ADX est proportionnelle à l'accélération du mouvement des prix (pente de tendance changeante). Si la tendance est une pente constante, la valeur ADX a tendance à s'aplatir.

Interpréter l'élan de tendance avec ADX

- Une perception erronée courante est qu'une ligne ADX en baisse signifie que la tendance s'inverse. Une ligne ADX en baisse signifie seulement que la force de la tendance s'affaiblit, mais cela ne signifie généralement pas que la tendance s'inverse, à moins qu'il y ait eu une inversion des prix. Tant que l'ADX est supérieur à 25, il est préférable de considérer une ligne ADX en baisse comme simplement moins forte (illustrée ci-dessous)

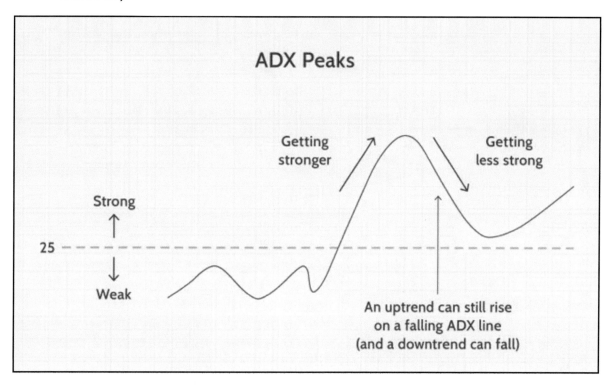

Figure 10 : Graphique ADX

- Dans une tendance haussière, même lorsque l'ADX est en baisse, le prix peut encore augmenter car l'offre de frais généraux est consommée à mesure que la tendance progresse

- Un ADX en baisse, lorsque le prix augmente, signifie que la tendance s'essouffle, mais que la tendance haussière se poursuit

- ADX peut vous aider à élaborer une stratégie de trading gagnante lorsqu'il est combiné avec le prix. Cela vous aide à déterminer quand le prix a tendance et, par conséquent, vous pouvez élaborer une stratégie dans le sens de la tendance. Lorsque le prix est en tendance, les pullbacks sont utilisés comme points d'entrée.

- L'ADX peut également montrer une divergence de moment. Lorsque le prix atteint un plus haut et que l'ADX atteint un plus bas, il y a divergence négative ou non-confirmation. En général, la divergence n'est pas le signal d'un renversement, mais plutôt un avertissement que la dynamique de la tendance est en train de changer. Il peut être opportun de resserrer le stop-loss ou de prendre des bénéfices partiels.

Figure 11 : Cadila Healthcare Ltd., graphique quotidien

Contrairement à d'autres indicateurs, la divergence dans l'ADX ne prédit pas de changement de tendance. Tant que la valeur reste au-dessus de 20, la tendance est intacte

Conclusion

L'indice directionnel moyen a été trouvé par les analystes techniques comme un indicateur très utile et est devenu l'un des outils d'analyse technique les plus fréquemment utilisés. C'est l'un des indicateurs de force de tendance les plus fiables et a aidé de nombreux analystes à identifier correctement les marchés variés et à éviter ainsi d'être amenés à acheter de fausses cassures ou à acheter sur des marchés qui sont fondamentalement stables et qui ne vont nulle part.

Configuration commerciale : conditions d'achat

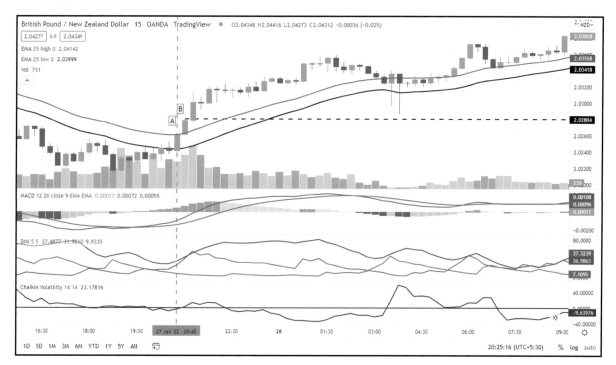

Figure 12 : Livre sterling / Dollar néo-zélandais GRAPHIQUE DE 15 MINUTES

Dans le tableau ci-dessus, vous pouvez voir 2 bougies marquées A et B sur le graphique de 15 minutes. **La bougie A** (considérez-la comme une **bougie de signalisation)** le **27 janvier [2022] à 20h45** est une bougie verte haussière faisant des hauts et des bas plus élevés et la **bougie B** (considérez-la comme une **bougie d'évasion)** le **27 janvier 2022 à 21 : 00 PM** est également une bougie verte haussière qui devrait clôturer au-dessus **de la bougie de signal** (bougie A) **haute** .

Noter:

A) La ligne de couleur verte est une moyenne mobile exponentielle élevée de 25 périodes
B) La ligne de couleur noire est une moyenne mobile exponentielle basse de 25 périodes

Nous devons prendre un **échange d'achat au-dessus du haut de la bougie Breakout (bougie B)** .

Il y a **6 conditions** à remplir pour un achat potentiel. Voici une interprétation pour chaque condition :

1. Un signal d'achat est généré lorsque le prix franchit le canal de **moyenne mobile exponentielle haute basse de 25 périodes par le** bas et ferme **au-dessus de** la moyenne mobile exponentielle haute de 25 périodes. Considérez cela comme une bougie de **signalisation (bougie A).** La bougie de signal (bougie A) doit être soit **plus haute et plus basse, soit une bougie de barre extérieure** . Si ce n'est pas le cas, attendez la prochaine bougie pour faire soit un haut plus haut et un plus haut bas, soit une bougie de barre extérieure.

2. La 2 ᵉᵐᵉ bougie devrait se fermer au-dessus **Bougie de signalisation** (bougie A) **élevée.** Considérez cela comme une **bougie Breakout** (bougie B).

3. **Indicateur de volatilité Chaikin sur la bougie Breakout** (bougie B) :

   A. La **bougie Breakout** (bougie B) doit se fermer au-dessus **de la ligne zéro Indicateur de volatilité Chaikin**
   B. bougie de rupture (bougie B) de **Chaikin** doit être **supérieur à l'indicateur de volatilité de la bougie de** signal (bougie A) de **Chaikin**
   C. **Remarque : La volatilité de Chaikin sur** 14 périodes est prise en compte pour la configuration du trading

4. **MACD sur la bougie Breakout** (bougie B):

   A. Nous devons vérifier que l'histogramme MACD doit être supérieur à zéro
   B. Le MACD doit être au-dessus de la ligne de signal (Ligne MACD> Signal MACD)
   C. L'histogramme MACD de la bougie de dérivation (bougie B) **, la MACD et la ligne de signal doivent être supérieurs** à la bougie de signal (bougie A)

5. volume de la bougie de répartition doit être **supérieur au** volume de la bougie de signal

6. **Directional Movement Index (DMI):** Watch **Breakout Candle (Candle B)** force et direction d'un mouvement de prix par:
   A. Breakout Candle (Candle B) **ADX** doit être supérieur à **30**
   B. Bougie de dérivation (bougie B) La ligne de mouvement directionnel positif (+DI) doit être supérieure à la ligne de mouvement directionnel négatif (-DI)
   C. Bougie de dérivation (bougie B) L'indice directionnel moyen (ADX) doit être supérieur à la ligne de mouvement directionnel négatif (-DI)
   D. L'indice directionnel moyen (ADX) pour la bougie de dérivation (bougie B) doit être supérieur à l'indice directionnel moyen (ADX) pour la bougie de signal (bougie A)
   E. La ligne de mouvement directionnel positif (+ DI) pour la bougie de dérivation (bougie B) doit être supérieure à la ligne de mouvement directionnel positif (+ DI) pour la bougie de signal (bougie A)
   F. La ligne de mouvement directionnel négatif (-DI) pour la bougie de dérivation (bougie B) doit être inférieure à la ligne de mouvement directionnel négatif (-DI) pour la bougie de signal (bougie A)
   G. **Remarque : La longueur de l' ADX à** 5 périodes et de l'ID à 5 périodes est prise en compte pour la configuration de la négociation.

➤ Une fois que toutes les conditions ci-dessus sont remplies, effectuez une transaction d'achat au-dessus du **haut** de la bougie d' **évasion (bougie B)**

➤ **Target & Stoploss** : Une fois la position longue établie, il est conseillé au trader de maintenir la position jusqu'à ce que le prix clôture en dessous de la **moyenne mobile exponentielle basse de 25 périodes. Le stop loss doit être placé en dessous de la bougie d'évasion (bougie B) avec un objectif de 1: 2**

Analyse d' achat

FOREX

CAD/DKK	GBP/USD
CAD/JPY	USD/CAD
CAD/ZAR	USD/DKK
CHF/JPY	USD/HUF
CHF/SEK	USD/JPY
GBP/SEK	USD/SEK

1. CAD /DKK

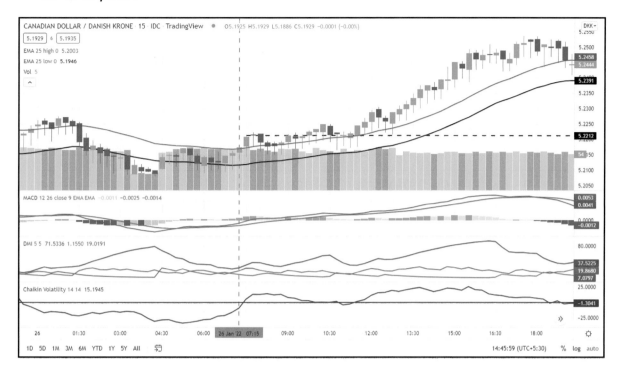

FIGURE 13 : Graphique CAD/DKK sur 15 minutes

Analyse :

A) Le **26 janvier [2022] , à 07h15, le prix a franchi la moyenne mobile exponentielle haute basse de 25 périodes** Canal par le bas et fermé **au-dessus de** la moyenne mobile exponentielle haute de 25 périodes

B) La bougie de signalisation a fait un plus haut et un plus haut le **26 janvier 2022 à** [07h15]

C) Breakout Candle (**26 janvier [2022] , 07h30**) a traversé Signal Candle High et s'est fermé au-dessus.

D) **volume de la** bougie de répartition est **supérieur au volume de** la bougie de signal

E) **Bougie Breakout** fermée au-dessus **de la ligne zéro Indicateur de volatilité Chaikin**

F) Breakout Candle **Chaikin** est **supérieur à l'indicateur de volatilité** Signal Candle **Chaikin**

G) MACD sur la bougie Breakout :
- L'histogramme MACD est supérieur à 0
- MACD est au-dessus de la ligne de signal
- **L'histogramme MACD de la** bougie de dérivation, la MACD et la ligne de signal sont **supérieures** à la bougie de signal

H) Indice de Mouvement Directionnel (DMI): :
- Bougie Breakout (bougie B) **L'ADX** est supérieur à **30**
- La ligne de mouvement directionnel positif (+DI) de la bougie de dérivation est **supérieure** à la ligne de mouvement directionnel négatif (-DI)
- indice directionnel moyen de la bougie de dérivation (ADX) est **supérieur** à la ligne de mouvement directionnel négatif (-DI)
- L'indice directionnel moyen (ADX) de la **bougie de dérivation** est supérieur à l'indice directionnel moyen (ADX) de la **bougie de signal**
- La ligne de mouvement directionnel positif (+ DI) pour la **bougie de dérivation** est supérieure à la ligne de mouvement directionnel positif (+ DI) pour la **bougie de signal**
- La ligne de mouvement directionnel négatif (-DI) pour la **bougie de dérivation** est inférieure à la ligne de mouvement directionnel négatif (-DI) pour la **bougie de signal**

Puisque toutes les conditions étaient remplies, nous aurions pris le commerce d'achat au- **dessus** du **sommet de la bougie de cassure** . Une fois la position longue établie, il est conseillé au trader de maintenir la position jusqu'à ce que le prix clôture en dessous de la **moyenne mobile exponentielle basse de 25 périodes. Le Stop Loss doit être placé en dessous du bas de la bougie Breakout avec un objectif de 1: 2**

2. CAD /JPY

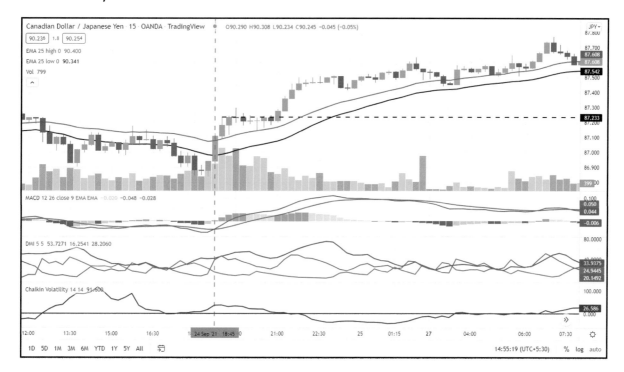

FIGURE 14 : Graphique CAD/JPY sur 15 minutes

Analyse :

A) Le **24 septembre 2021, 18 h 45 Le prix a franchi la période 25 Moyenne mobile exponentielle haute basse** ^{Canal} par le bas et fermé **au-dessus de** la moyenne mobile exponentielle haute 25 périodes

B) La bougie de signalisation a augmenté le plus haut et le plus haut le plus bas le **24 septembre ²⁰²¹ , 18h45**

C) Breakout Candle (**24 septembre ²⁰²¹ , 19h00**) a traversé Signal Candle High et s'est fermé au-dessus

D) **volume de la** bougie de répartition est **supérieur au volume de** la bougie de signal

E) **Bougie Breakout** fermée au-dessus **de la ligne zéro Indicateur de volatilité Chaikin**

F) Breakout Candle **Chaikin** est **supérieur à l'indicateur de volatilité** Signal Candle **Chaikin**

G) **MACD** sur la bougie Breakout :
- L'histogramme MACD est supérieur à 0
- MACD est au-dessus de la ligne de signal
- **L'histogramme MACD de la** bougie de dérivation, la MACD et la ligne de signal sont **supérieures** à la bougie de signal

H) **Indice de Mouvement Directionnel (DMI): :**
- Bougie Breakout (bougie B) **L'ADX** est supérieur à **30**
- La ligne de mouvement directionnel positif (+DI) de la bougie de dérivation est **supérieure** à la ligne de mouvement directionnel négatif (-DI)
- indice directionnel moyen de la bougie de dérivation (ADX) est **supérieur** à la ligne de mouvement directionnel négatif (-DI)
- L'indice directionnel moyen (ADX) de la **bougie de dérivation** est supérieur à l'indice directionnel moyen (ADX) de la **bougie de signal**
- La ligne de mouvement directionnel positif (+ DI) pour la **bougie de dérivation** est supérieure à la ligne de mouvement directionnel positif (+ DI) pour la **bougie de signal**
- La ligne de mouvement directionnel négatif (-DI) pour la **bougie de dérivation** est inférieure à la ligne de mouvement directionnel négatif (-DI) pour la **bougie de signal**

Puisque toutes les conditions étaient remplies, nous aurions pris le commerce d'achat au- **dessus** du **sommet de la bougie de cassure** . Une fois la position longue établie, il est conseillé au trader de maintenir la position jusqu'à ce que le prix clôture en dessous de la **moyenne mobile exponentielle basse de 25 périodes. Le Stop Loss doit être placé en dessous du bas de la bougie Breakout avec un objectif de 1: 2**

3. CAD /ZAR

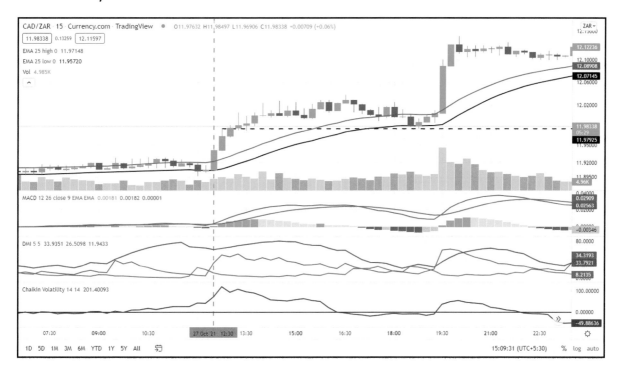

FIGURE 15 : Graphique CAD/ZAR sur 15 minutes

Analyse :

A) Le **27 octobre** [2021] , **12 h 30, le cours a franchi la moyenne mobile exponentielle haute basse de 25 périodes** Canal par le bas et fermé **au-dessus de** la moyenne mobile exponentielle haute de 25 périodes

B) La bougie de signalisation a fait un plus haut et un plus haut bas le **27 octobre** [2021] , **12h30**

C) Breakout Candle (**27 octobre** [2021] , **12h45**) a traversé Signal Candle High et s'est fermé au-dessus

D) **volume de la** bougie de répartition est **supérieur au volume de** la bougie de signal

E) **Bougie Breakout** fermée au-dessus **de la ligne zéro Indicateur de volatilité Chaikin**

F) Breakout Candle **Chaikin** est **supérieur à l'indicateur de volatilité** Signal Candle **Chaikin**

G) **MACD** sur la bougie Breakout :
- L'histogramme MACD est supérieur à 0
- MACD est au-dessus de la ligne de signal
- **L'histogramme MACD de la** bougie de dérivation, la MACD et la ligne de signal sont **supérieures** à la bougie de signal

H) **Indice de Mouvement Directionnel (DMI): :**
- Bougie Breakout (bougie B) **L'ADX** est supérieur à **30**
- La ligne de mouvement directionnel positif (+DI) de la bougie de dérivation est **supérieure** à la ligne de mouvement directionnel négatif (-DI)
- indice directionnel moyen de la bougie de dérivation (ADX) est **supérieur** à la ligne de mouvement directionnel négatif (-DI)
- L'indice directionnel moyen (ADX) de la **bougie de dérivation** est supérieur à l'indice directionnel moyen (ADX) de la **bougie de signal**
- La ligne de mouvement directionnel positif (+ DI) pour la **bougie de dérivation** est supérieure à la ligne de mouvement directionnel positif (+ DI) pour la **bougie de signal**
- La ligne de mouvement directionnel négatif (-DI) pour la **bougie de dérivation** est inférieure à la ligne de mouvement directionnel négatif (-DI) pour la **bougie de signal**

Puisque toutes les conditions étaient remplies, nous aurions pris le commerce d'achat au- **dessus** du **sommet de la bougie de cassure** . Une fois la position longue établie, il est conseillé au trader de maintenir la position jusqu'à ce que le prix clôture en dessous de la **moyenne mobile exponentielle basse de 25 périodes. Le Stop Loss doit être placé en dessous du bas de la bougie Breakout avec un objectif de 1: 2**

4. CHF /JPY

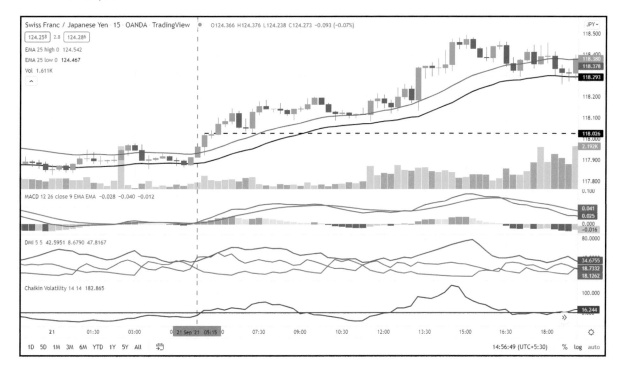

FIGURE 16 : Graphique CHF/JPY sur 15 minutes

Analyse :

A) Le **21 septembre 2021, 05:15 Le prix a franchi la période 25 Moyenne mobile exponentielle haute basse** ^{Canal} d'en bas et fermé **au-dessus de** la moyenne mobile exponentielle haute 25 périodes

B) La bougie de signalisation a augmenté le plus haut et le plus haut le plus bas le **21 septembre 2021 à** ^{05h15}

C) Breakout Candle (**21 septembre** ²⁰²¹ **, 05h30**) a traversé Signal Candle High et s'est fermé au-dessus

D) **volume de la** bougie de répartition est **supérieur au volume de** la bougie de signal

E) **Bougie Breakout** fermée au-dessus **de la ligne zéro Indicateur de volatilité Chaikin**

F) Breakout Candle **Chaikin** est **supérieur à l'indicateur de volatilité** Signal Candle **Chaikin**

MACD sur la bougie Breakout :

- L'histogramme MACD est supérieur à 0
- MACD est au-dessus de la ligne de signal
- **L'histogramme MACD de la** bougie de dérivation, la MACD et la ligne de signal sont **supérieures** à la bougie de signal

G) **Indice de Mouvement Directionnel (DMI): :**

- Bougie Breakout (bougie B) **L'ADX** est supérieur à **30**
- La ligne de mouvement directionnel positif (+DI) de la bougie de dérivation est **supérieure** à la ligne de mouvement directionnel négatif (-DI)
- indice directionnel moyen de la bougie de dérivation (ADX) est **supérieur** à la ligne de mouvement directionnel négatif (-DI)
- L'indice directionnel moyen (ADX) de la **bougie de dérivation** est supérieur à l'indice directionnel moyen (ADX) de la **bougie de signal**
- La ligne de mouvement directionnel positif (+ DI) pour la **bougie de dérivation** est supérieure à la ligne de mouvement directionnel positif (+ DI) pour la **bougie de signal**
- La ligne de mouvement directionnel négatif (-DI) pour la **bougie de dérivation** est inférieure à la ligne de mouvement directionnel négatif (-DI) pour la **bougie de signal**

Puisque toutes les conditions étaient remplies, nous aurions pris le commerce d'achat au- **dessus** du **sommet de la bougie de cassure** . Une fois la position longue établie, il est conseillé au trader de maintenir la position jusqu'à ce que le prix clôture en dessous de la **moyenne mobile exponentielle basse de 25 périodes. Le Stop Loss doit être placé en dessous du bas de la bougie Breakout avec un objectif de 1: 2**

5. CHF /SEK

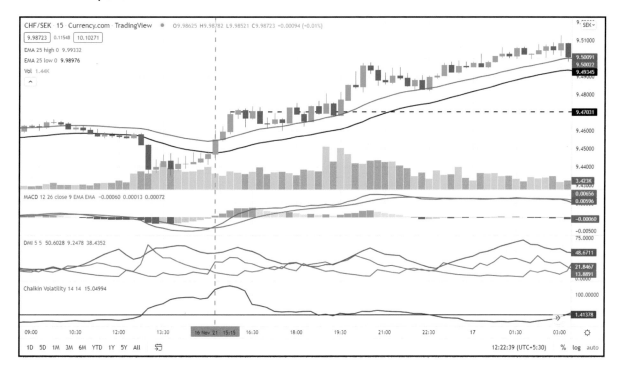

FIGURE 17 : Graphique CHF/SEK sur 15 minutes

Analyse :

A) Le **16 novembre ²⁰²¹, 15:15 Le prix a franchi la période 25 Moyenne mobile exponentielle haute basse** Canal par le bas et fermé **au-dessus de** la moyenne mobile exponentielle haute 25 périodes

B) La bougie de signalisation a fait un plus haut et un plus haut le **16 novembre ²⁰²¹, 15h15**

C) Breakout Candle (**16 novembre ²⁰²¹, 15h45**) a traversé Signal Candle High et s'est fermé au-dessus

D) **volume de la** bougie de répartition est **supérieur au volume de** la bougie de signal

E) **Bougie Breakout** fermée au-dessus **de la ligne zéro Indicateur de volatilité Chaikin**

F) Breakout Candle **Chaikin** est **supérieur à l'indicateur de volatilité** Signal Candle **Chaikin**

G) **MACD** sur la bougie Breakout :
- L'histogramme MACD est supérieur à 0
- MACD est au-dessus de la ligne de signal
- **L'histogramme MACD de la** bougie de dérivation, la MACD et la ligne de signal sont **supérieures** à la bougie de signal

H) **Indice de Mouvement Directionnel (DMI): :**
- Bougie Breakout (bougie B) **L'ADX** est supérieur à **30**
- La ligne de mouvement directionnel positif (+DI) de la bougie de dérivation est **supérieure** à la ligne de mouvement directionnel négatif (-DI)
- indice directionnel moyen de la bougie de dérivation (ADX) est **supérieur** à la ligne de mouvement directionnel négatif (-DI)
- L'indice directionnel moyen (ADX) de la **bougie de dérivation** est supérieur à l'indice directionnel moyen (ADX) de la **bougie de signal**
- La ligne de mouvement directionnel positif (+ DI) pour la **bougie de dérivation** est supérieure à la ligne de mouvement directionnel positif (+ DI) pour la **bougie de signal**
- La ligne de mouvement directionnel négatif (-DI) pour la **bougie de dérivation** est inférieure à la ligne de mouvement directionnel négatif (-DI) pour la **bougie de signal**

Puisque toutes les conditions étaient remplies, nous aurions pris le commerce d'achat au- **dessus** du **sommet de la bougie de cassure** . Une fois la position longue établie, il est conseillé au trader de maintenir la position jusqu'à ce que le prix clôture en dessous de la **moyenne mobile exponentielle basse de 25 périodes. Le Stop Loss doit être placé en dessous du bas de la bougie Breakout avec un objectif de 1: 2**

6. GBP /SEK

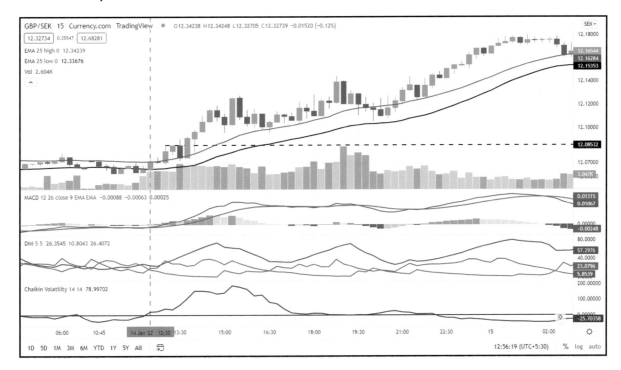

FIGURE 18 : Graphique GBP/SEK sur 15 minutes

Analyse :

A) Le **14 janvier [2022] , 12:30 Le prix a franchi la période 25 Moyenne mobile exponentielle haute basse** Canal d'en bas et fermé **au-dessus de** la moyenne mobile exponentielle haute 25 périodes

B) La bougie de signalisation a fait un plus haut et un plus haut bas le **14 janvier [2022] , 12h30**

C) Breakout Candle (**14 janvier [2022] , 13h00**) a traversé Signal Candle High et s'est fermé au-dessus.

D) **volume de la** bougie de répartition est **supérieur au volume de** la bougie de signal

E) **Bougie Breakout** fermée au-dessus **de la ligne zéro Indicateur de volatilité Chaikin**

F) Breakout Candle **Chaikin** est **supérieur à l'indicateur de volatilité** Signal Candle **Chaikin**

G) **MACD** sur la bougie Breakout :
- L'histogramme MACD est supérieur à 0
- MACD est au-dessus de la ligne de signal
- **L'histogramme MACD de la** bougie de dérivation, la MACD et la ligne de signal sont **supérieures** à la bougie de signal

H) **Indice de Mouvement Directionnel (DMI): :**
- Bougie Breakout (bougie B) **L'ADX** est supérieur à **30**
- La ligne de mouvement directionnel positif (+DI) de la bougie de dérivation est **supérieure** à la ligne de mouvement directionnel négatif (-DI)
- indice directionnel moyen de la bougie de dérivation (ADX) est **supérieur** à la ligne de mouvement directionnel négatif (-DI)
- L'indice directionnel moyen (ADX) de la **bougie de dérivation** est supérieur à l'indice directionnel moyen (ADX) de la **bougie de signal**
- La ligne de mouvement directionnel positif (+ DI) pour la **bougie de dérivation** est supérieure à la ligne de mouvement directionnel positif (+ DI) pour la **bougie de signal**
- La ligne de mouvement directionnel négatif (-DI) pour la **bougie de dérivation** est inférieure à la ligne de mouvement directionnel négatif (-DI) pour la **bougie de signal**

Puisque toutes les conditions étaient remplies, nous aurions pris le commerce d'achat au- **dessus** du **sommet de la bougie de cassure** . Une fois la position longue établie, il est conseillé au trader de maintenir la position jusqu'à ce que le prix clôture en dessous de la **moyenne mobile exponentielle basse de 25 périodes. Le Stop Loss doit être placé en dessous du bas de la bougie Breakout avec un objectif de 1: 2**

7. GBP /USD

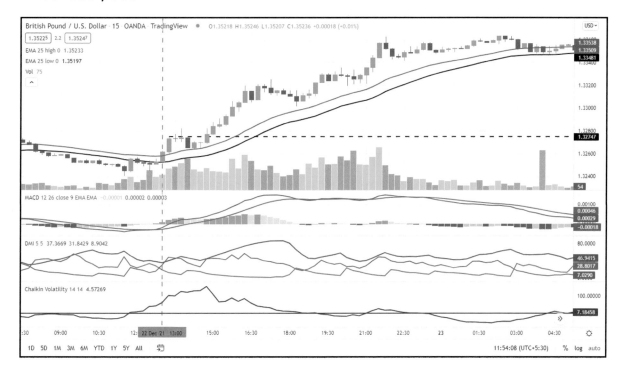

FIGURE 19 : Graphique GBP/USD sur 15 minutes

Analyse :

A) Le **22 décembre [2021], 13:00 Le prix a franchi la période 25 Moyenne mobile exponentielle haute basse** Canal par le bas et fermé **au-dessus de** la moyenne mobile exponentielle haute 25 périodes

B) La bougie de signalisation a fait un plus haut et un plus haut le **22 décembre [2021], 13h00**

C) Breakout Candle (**22 décembre [2021], 13h15**) a traversé Signal Candle High et s'est fermé au-dessus

D) **volume de la** bougie de répartition est **supérieur au volume de** la bougie de signal

E) **Bougie Breakout** fermée au-dessus **de la ligne zéro Indicateur de volatilité Chaikin**

F) Breakout Candle **Chaikin** est **supérieur à l'indicateur de volatilité** Signal Candle **Chaikin**

G) **MACD** sur la bougie Breakout :
- L'histogramme MACD est supérieur à 0
- MACD est au-dessus de la ligne de signal
- **L'histogramme MACD de la** bougie de dérivation, la MACD et la ligne de signal sont **supérieures** à la bougie de signal

H) **Indice de Mouvement Directionnel (DMI): :**
- Bougie Breakout (bougie B) **L'ADX** est supérieur à **30**
- La ligne de mouvement directionnel positif (+DI) de la bougie de dérivation est **supérieure** à la ligne de mouvement directionnel négatif (-DI)
- indice directionnel moyen de la bougie de dérivation (ADX) est **supérieur** à la ligne de mouvement directionnel négatif (-DI)
- L'indice directionnel moyen (ADX) de la **bougie de dérivation** est supérieur à l'indice directionnel moyen (ADX) de la **bougie de signal**
- La ligne de mouvement directionnel positif (+ DI) pour la **bougie de dérivation** est supérieure à la ligne de mouvement directionnel positif (+ DI) pour la **bougie de signal**
- La ligne de mouvement directionnel négatif (-DI) pour la **bougie de dérivation** est inférieure à la ligne de mouvement directionnel négatif (-DI) pour la **bougie de signal**

Puisque toutes les conditions étaient remplies, nous aurions pris le commerce d'achat au- **dessus** du **sommet de la bougie de cassure** . Une fois la position longue établie, il est conseillé au trader de maintenir la position jusqu'à ce que le prix clôture en dessous de la **moyenne mobile exponentielle basse de 25 périodes. Le Stop Loss doit être placé en dessous du bas de la bougie Breakout avec un objectif de 1: 2**

8. USD /CAD

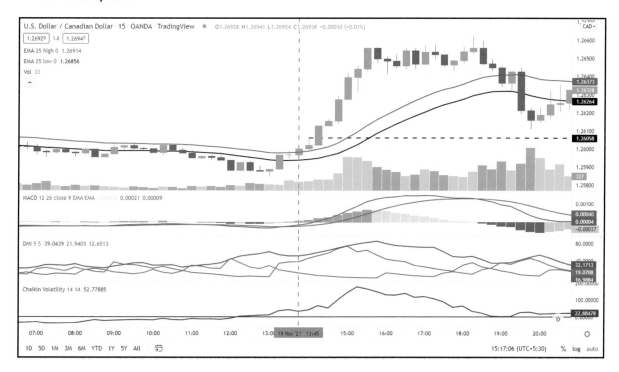

FIGURE 20 : Graphique USD/CAD sur 15 minutes

Analyse :

A) Le **19 novembre [2021] , 13:45 Le prix a franchi la période 25 Moyenne mobile exponentielle haute basse** Canal par le bas et fermé **au-dessus de** la moyenne mobile exponentielle haute 25 périodes

B) La bougie de signalisation a fait un plus haut et un plus haut le **19 novembre [2021] , 13h45**

C) Breakout Candle (**19 novembre [2021] , 14h00**) a traversé Signal Candle High et s'est fermé au-dessus

D) **volume de la** bougie de répartition est **supérieur au volume de** la bougie de signal

E) **Bougie Breakout** fermée au-dessus **de la ligne zéro Indicateur de volatilité Chaikin**

F) Breakout Candle **Chaikin** est **supérieur à l'indicateur de volatilité** Signal Candle **Chaikin**

G) **MACD** sur la bougie Breakout :
- L'histogramme MACD est supérieur à 0
- MACD est au-dessus de la ligne de signal
- **L'histogramme MACD de la** bougie de dérivation, la MACD et la ligne de signal sont **supérieures** à la bougie de signal

H) **Indice de Mouvement Directionnel (DMI): :**
- Bougie Breakout (bougie B) **L'ADX** est supérieur à **30**
- La ligne de mouvement directionnel positif (+DI) de la bougie de dérivation est **supérieure** à la ligne de mouvement directionnel négatif (-DI)
- indice directionnel moyen de la bougie de dérivation (ADX) est **supérieur** à la ligne de mouvement directionnel négatif (-DI)
- L'indice directionnel moyen (ADX) de la **bougie de dérivation** est supérieur à l'indice directionnel moyen (ADX) de la **bougie de signal**
- La ligne de mouvement directionnel positif (+ DI) pour la **bougie de dérivation** est supérieure à la ligne de mouvement directionnel positif (+ DI) pour la **bougie de signal**
- La ligne de mouvement directionnel négatif (-DI) pour la **bougie de dérivation** est inférieure à la ligne de mouvement directionnel négatif (-DI) pour la **bougie de signal**

Puisque toutes les conditions étaient remplies, nous aurions pris le commerce d'achat au- **dessus** du **sommet de la bougie de cassure** . Une fois la position longue établie, il est conseillé au trader de maintenir la position jusqu'à ce que le prix clôture en dessous de la **moyenne mobile exponentielle basse de 25 périodes. Le Stop Loss doit être placé en dessous du bas de la bougie Breakout avec un objectif de 1: 2**

9. USD /DKK

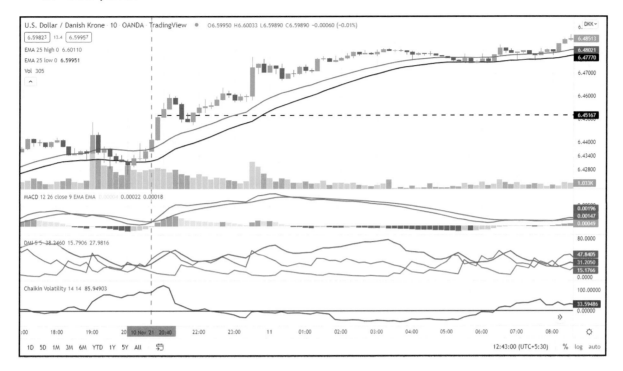

FIGURE 21 : Graphique USD/DKK sur 10 minutes

Analyse :

A) Le **10 novembre [2021] , 20:40 Le prix a franchi la période 25 Moyenne mobile exponentielle haute basse** Canal par le bas et fermé **au-dessus de** la moyenne mobile exponentielle haute 25 périodes

B) La bougie de signalisation a fait un plus haut et un plus haut bas le **10 novembre [2021] , 20h40**

C) Breakout Candle (**10 novembre [2021] , 20h50**) a traversé Signal Candle High et s'est fermé au-dessus

D) **volume de la** bougie de répartition est **supérieur au volume de** la bougie de signal

E) **Bougie Breakout** fermée au-dessus **de la ligne zéro Indicateur de volatilité Chaikin**

F) Breakout Candle **Chaikin** est **supérieur à l'indicateur de volatilité** Signal Candle **Chaikin**

43

G) **MACD** sur la bougie Breakout :
- L'histogramme MACD est supérieur à 0
- MACD est au-dessus de la ligne de signal
- **L'histogramme MACD de la** bougie de dérivation, la MACD et la ligne de signal sont **supérieures** à la bougie de signal

H) **Indice de Mouvement Directionnel (DMI): :**
- Bougie Breakout (bougie B) **L'ADX** est supérieur à **30**
- La ligne de mouvement directionnel positif (+DI) de la bougie de dérivation est **supérieure** à la ligne de mouvement directionnel négatif (-DI)
- indice directionnel moyen de la bougie de dérivation (ADX) est **supérieur** à la ligne de mouvement directionnel négatif (-DI)
- L'indice directionnel moyen (ADX) de la **bougie de dérivation** est supérieur à l'indice directionnel moyen (ADX) de la **bougie de signal**
- La ligne de mouvement directionnel positif (+ DI) pour la **bougie de dérivation** est supérieure à la ligne de mouvement directionnel positif (+ DI) pour la **bougie de signal**
- La ligne de mouvement directionnel négatif (-DI) pour la **bougie de dérivation** est inférieure à la ligne de mouvement directionnel négatif (-DI) pour la **bougie de signal**

Puisque toutes les conditions étaient remplies, nous aurions pris le commerce d'achat au- **dessus** du **sommet de la bougie de cassure** . Une fois la position longue établie, il est conseillé au trader de maintenir la position jusqu'à ce que le prix clôture en dessous de la **moyenne mobile exponentielle basse de 25 périodes. Le Stop Loss doit être placé en dessous du bas de la bougie Breakout avec un objectif de 1: 2**

10.USD /HUF

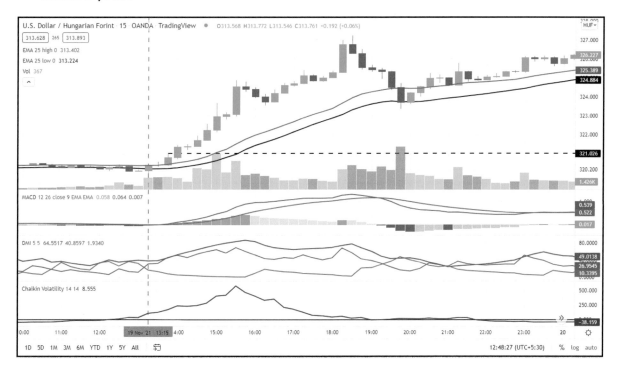

FIGURE 22 : Graphique USD/HUF sur 15 minutes

Analyse :

A) Le **19 novembre [2021], 13:15 Le prix a franchi la période 25 Moyenne mobile exponentielle haute basse** Canal par le bas et fermé **au-dessus de** la moyenne mobile exponentielle haute 25 périodes

B) La bougie de signalisation a fait un plus haut et un plus haut le **19 novembre [2021], 13h15**

C) Breakout Candle (**19 novembre [2021], 13h45**) a traversé Signal Candle High et s'est fermé au-dessus

D) **volume de la** bougie de répartition est **supérieur au volume de** la bougie de signal

E) **Bougie Breakout** fermée au-dessus **de la ligne zéro Indicateur de volatilité Chaikin**

F) Breakout Candle **Chaikin** est **supérieur à l'indicateur de volatilité** Signal Candle **Chaikin**

G) **MACD** sur la bougie Breakout :
- L'histogramme MACD est supérieur à 0
- MACD est au-dessus de la ligne de signal
- **L'histogramme MACD de la** bougie de dérivation, la MACD et la ligne de signal sont **supérieures** à la bougie de signal

H) **Indice de Mouvement Directionnel (DMI): :**
- Bougie Breakout (bougie B) **L'ADX** est supérieur à **30**
- La ligne de mouvement directionnel positif (+DI) de la bougie de dérivation est **supérieure** à la ligne de mouvement directionnel négatif (-DI)
- indice directionnel moyen de la bougie de dérivation (ADX) est **supérieur** à la ligne de mouvement directionnel négatif (-DI)
- L'indice directionnel moyen (ADX) de la **bougie de dérivation** est supérieur à l'indice directionnel moyen (ADX) de la **bougie de signal**
- La ligne de mouvement directionnel positif (+ DI) pour la **bougie de dérivation** est supérieure à la ligne de mouvement directionnel positif (+ DI) pour la **bougie de signal**
- La ligne de mouvement directionnel négatif (-DI) pour la **bougie de dérivation** est inférieure à la ligne de mouvement directionnel négatif (-DI) pour la **bougie de signal**

Puisque toutes les conditions étaient remplies, nous aurions pris le commerce d'achat au- **dessus** du **sommet de la bougie de cassure** . Une fois la position longue établie, il est conseillé au trader de maintenir la position jusqu'à ce que le prix clôture en dessous de la **moyenne mobile exponentielle basse de 25 périodes. Le Stop Loss doit être placé en dessous du bas de la bougie Breakout avec un objectif de 1: 2**

11.USD /JPY

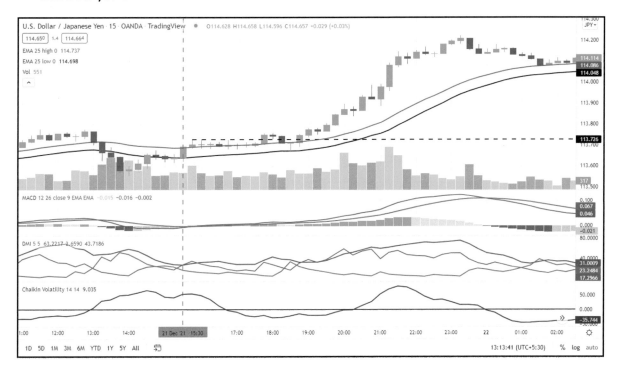

FIGURE 23 : Graphique USD/JPY sur 15 minutes

Analyse :

A) Le **21 décembre ²⁰²¹, 15 h 30 Le cours a franchi la période 25 Moyenne mobile exponentielle haute basse** Canal par le bas et fermé **au-dessus de** la moyenne mobile exponentielle haute 25 périodes

B) La bougie de signalisation a fait un plus haut et un plus haut le **21 décembre ²⁰²¹, 15h30**

C) Breakout Candle (**21 décembre ²⁰²¹, 15h45**) a traversé Signal Candle High et s'est fermé au-dessus

D) **volume de la** bougie de répartition est **supérieur au volume de** la bougie de signal

E) **Bougie Breakout** fermée au-dessus **de la ligne zéro Indicateur de volatilité Chaikin**

F) Breakout Candle **Chaikin** est **supérieur à l'indicateur de volatilité** Signal Candle **Chaikin**

G) **MACD** sur la bougie Breakout :
- L'histogramme MACD est supérieur à 0
- MACD est au-dessus de la ligne de signal
- **L'histogramme MACD de la** bougie de dérivation, la MACD et la ligne de signal sont **supérieures** à la bougie de signal

H) **Indice de Mouvement Directionnel (DMI): :**
- Bougie Breakout (bougie B) **L'ADX** est supérieur à **30**
- La ligne de mouvement directionnel positif (+DI) de la bougie de dérivation est **supérieure** à la ligne de mouvement directionnel négatif (-DI)
- indice directionnel moyen de la bougie de dérivation (ADX) est **supérieur** à la ligne de mouvement directionnel négatif (-DI)
- L'indice directionnel moyen (ADX) de la **bougie de dérivation** est supérieur à l'indice directionnel moyen (ADX) de la **bougie de signal**
- La ligne de mouvement directionnel positif (+ DI) pour la **bougie de dérivation** est supérieure à la ligne de mouvement directionnel positif (+ DI) pour la **bougie de signal**
- La ligne de mouvement directionnel négatif (-DI) pour la **bougie de dérivation** est inférieure à la ligne de mouvement directionnel négatif (-DI) pour la **bougie de signal**

Puisque toutes les conditions étaient remplies, nous aurions pris le commerce d'achat au- **dessus** du **sommet de la bougie de cassure** . Une fois la position longue établie, il est conseillé au trader de maintenir la position jusqu'à ce que le prix clôture en dessous de la **moyenne mobile exponentielle basse de 25 périodes. Le Stop Loss doit être placé en dessous du bas de la bougie Breakout avec un objectif de 1: 2**

12. USD /SEK

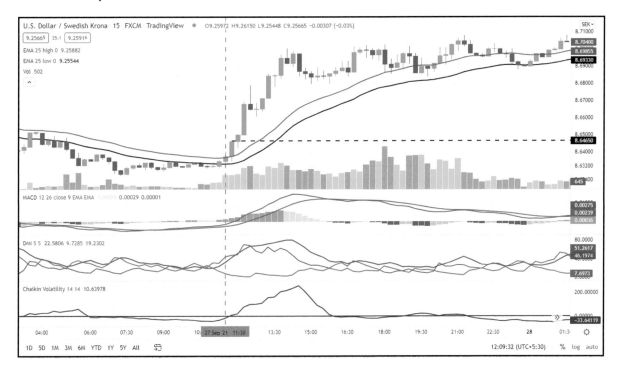

FIGURE 24 : Graphique USD/SEK sur 15 minutes

Analyse :

A) Le **27 septembre 2021, à 11 h 30, le prix a franchi la moyenne mobile exponentielle haute basse de 25 périodes** [Canal] par le bas et fermé **au-dessus de** la moyenne mobile exponentielle haute de 25 périodes

B) La bougie de signalisation a augmenté le plus haut et le plus haut le plus bas le **27 septembre** [2021] **, à 11h30**

C) Breakout Candle (**27 septembre** [2021] **, 11h45**) a traversé Signal Candle High et s'est fermé au-dessus

D) **volume de la** bougie de répartition est **supérieur au volume de** la bougie de signal

E) **Bougie Breakout** fermée au-dessus **de la ligne zéro Indicateur de volatilité Chaikin**

F) Breakout Candle **Chaikin** est **supérieur à l'indicateur de volatilité** Signal Candle **Chaikin**

G) **MACD** sur la bougie Breakout :
- L'histogramme MACD est supérieur à 0
- MACD est au-dessus de la ligne de signal
- **L'histogramme MACD de la** bougie de dérivation, la MACD et la ligne de signal sont **supérieures** à la bougie de signal

H) **Indice de Mouvement Directionnel (DMI): :**
- Bougie Breakout (bougie B) **L'ADX** est supérieur à **30**
- La ligne de mouvement directionnel positif (+DI) de la bougie de dérivation est **supérieure** à la ligne de mouvement directionnel négatif (-DI)
- indice directionnel moyen de la bougie de dérivation (ADX) est **supérieur** à la ligne de mouvement directionnel négatif (-DI)
- L'indice directionnel moyen (ADX) de la **bougie de dérivation** est supérieur à l'indice directionnel moyen (ADX) de la **bougie de signal**
- La ligne de mouvement directionnel positif (+ DI) pour la **bougie de dérivation** est supérieure à la ligne de mouvement directionnel positif (+ DI) pour la **bougie de signal**
- La ligne de mouvement directionnel négatif (-DI) pour la **bougie de dérivation** est inférieure à la ligne de mouvement directionnel négatif (-DI) pour la **bougie de signal**

Puisque toutes les conditions étaient remplies, nous aurions pris le commerce d'achat au- **dessus** du **sommet de la bougie de cassure** . Une fois la position longue établie, il est conseillé au trader de maintenir la position jusqu'à ce que le prix clôture en dessous de la **moyenne mobile exponentielle basse de 25 périodes. Le Stop Loss doit être placé en dessous du bas de la bougie Breakout avec un objectif de 1: 2**

Sommaire

Achetez haut, vendez plus haut : trading journalier utilisant la moyenne mobile haut-bas, macd, adx/dmi et l'indicateur de volatilité chaikin est une stratégie de trading basée sur des règles fixes, idéale pour les traders qui souhaitent effectuer des transactions régulières mais qui ont un appétit pour le risque conservateur. Suivre les tendances peut s'avérer lucratif car les risques sont considérablement réduits. Enfin, pour conclure, la stratégie de trading d'action sur les prix mentionnée entraînera une augmentation significative de la rentabilité de l'investissement et du trading, car nous disposons de plusieurs signaux avancés nous aidant à éliminer les faux signaux.

Tous les instruments de tendance tels que les actions, le forex, les matières premières, les contrats à terme, les crypto-monnaies, etc. fonctionnent bien avec cette stratégie de trading.

Pour plus de détails ou de clarifications, vous pouvez m'envoyer un mail à wisdomtranquil@gmail.com

Je serais plus qu'heureux de vous aider à mieux comprendre avec mes humbles connaissances sur le même sujet.

Merci pour la lecture!

Printed in France by Amazon
Brétigny-sur-Orge, FR

14989805R00029